모든 입체들의 고독

한지혜 시집

문학의전당 시인선
235

모든 입체들의 고독

한지혜 시집

문학의전당

시인의 말

너의 머리와 내 뇌에 이어진 구조가 같아
존재하는
너와 나의 감정

너는 계단이 필요하고
나는 부드러운 한 잔의 포도주가 필요해

2016년 10월
한지혜

차례

시인의 말

제1부

토마토　13
슬픔　14
틈　16
진화　18
숲　20
센서　22
포진　24
해바라기　26
토마토 사이 나팔꽃　28
대니　30
일탈　32
찻물　34
자작의 숲　36
부러움　38

제2부

풀빵	41
하프	42
기이하고 부드러운	44
새	46
산책	48
불꽃	50
정원	52
단백질	54
중력	55
별명	56
톳지가 돌아오는 길	58
덜 그리워하는 것들에 대해	60
장미가 있는 담장	62
원형 점토의 인식	64
레버의 물집	66

제3부

테크닉	69
내레이션	70
흑과 백	72
부엉이와 집	74
그늘	76
정체	78
섬	80
채광	82
두 개의 방	84
중독	86
담요	88
빗물의 대칭	90
성채	92
동강 처녀	94

제4부

암기　97
이동　98
구조 : 말이 없는 남자　100
입체　102
목소리　104
태양과 거미　106
세한도 1　108
세한도 2　110
세한도 3　112
게임 : 공간　114
불면　116
골목　118
굴절　120
말림　122

해설 | 시의 색채를 찾아서　123
　　 | 전해수(문학평론가)

제1부

토마토

맨 처음 토마토 가루를 가져왔던 죽은 작은엄마와 어떤 말들을 생각한다

토마토 가지에 매달렸던 기억으로부터
토마토 가루에 이르기까지의 과정을 생각한다
입술이 달아오를수록 말들만 살아
붉게 타오른다

생각을 삼킨 남자의 생각은 토마토와 잘 어울릴까

토마토는 달콤하지 않다

빨간 가루를 가져왔던 죽은 작은엄마를 생각한다
토마토 가루는 젊은 날의 토마토로 절대 돌아갈 수 없다

슬픔

너에 대해 생각한다
아껴두었던 빛깔
검은 공간으로 날아드는 까마귀떼와 절벽 너머 폭발하는 앵두
블루 톱날 박힌 플랫슈즈 밑창에 새긴 말들이 자꾸 뒤집어져
  죽는다 경계를 넘어

버려지는 말들은 어디까지 진실인지

이어지지 않아

발톱으로 판자를 썰어 붙일수록 무거워 날지 못하는 새
시공을 접는다

화려했던 만큼 처절한

아무렇지 않게 술잔에서 아이스크림이 녹아
위로 없는 칵테일

너를 만난 사실도 사라진다

시소를 타고 도곡동으로 갈래

내 발은 고정되었지만 정류장 앞이어서 다행이야

난 버스를 타야 해 버스는 눈앞에서 빛같이 지나가지

발이 가려워지고

눕고 싶겠지
너는 이미 누울 곳이 없음을 알지

틈

애인이 내 몸을 만질 때는 손가락이 부드러워서 거부하지 못했다
체온을 잰다거나 아무런 근거를 제시하지는 않았지만
너의 손이 나에게 닿고
내 몸으로 이동하고 있는 너의 손가락은 내 몸 너머에 있다

나도 알 수 없고 내 몸에 가려져 있는 몸의 일부
상처를 만지는 일은 몸 너머에 있는 감각

믿음이라는 것도 감각 너머에 있다

화장대 앞에서 매일 쌓이던 먼지를 치우고 있을 때 날개 없이 태어나는 꽃잎들이 날면서 주저앉는 것을 보았다
감각의 너머처럼 보였다

땅에 닿을 듯 철망 밑을 빠져나와 나는 새 한 마리를 보았다

갈대숲에서 새어나오는 촛불의 온기 그것은 만질 수 없는 가슴
너의 손가락은 빗변을 그었고 내 몸 안에는 삼각형이 만들어졌다

내가 그은 줄에는 낡은 무늬의 물질들이 틈같이 걸려 있었다

애인의 손가락은 참 부드러워

너는 그쪽으로 되돌아가고 나는 이쪽으로, 다시 이별

전화가 걸려오고 있다

내가 잠시 잠이 들었다 일어난 공간에 내가 있었다

진화

사과는 계단을 오르고 있다
볼링 볼은 쏟아진다
점프

자동승강기에서 우리는 왜 모란 빛이 될까

승강기는 아직 출발했는지 멈춰 있는지 모른다
멈출 수 없어 움직이는 우주선
있던 곳에서 없는 곳으로 사라진다
너는 우주인

너와 나 서로 끌어당겼지

질량 없는 공간과 시간을 끌어당긴다
내 시야는 평범한 일상
내 관심은 네가 무거운 구름에 덮여 어디 있는지
무엇으로 날고 싶은지에 대하여…

내 유전 정보 안에 자연이 정해놓은 대로 너는 진화하려 한다

너는 나를 복사한다
출렁이고 휘어지며 이동한다
낮은 온도로 너에게 다가서지만 보이지 않아 너를 찾는다

언제쯤 철이 들까

너는 꼬리를 달고 혜성처럼 나타난다

승강기 문이 열리면

숲

집을 나오고 나서 집이 보인다

집 안으로 들어갈수록 그늘이 내려앉아
먼지를 닦고
적막과 살았던 그 집에서
밥을 끓인 기억이 없다
창문이 없어서 목줄로 창을 만들었지만
핏줄이 자랄수록 붉은 입술은 사라졌다

빗줄기에 가려져 집이 보이지 않는다
지나치는 불빛으로 도시가 흐트러진다
길 건너 형광 불빛에 모여 있는 여자들이 보인다

머리카락들이 바닥에 떨어진다

짧은 머리를 벽에 부딪는 이 기분
숨통이 막혔던 남자가
낯익은 이방인의 낯빛으로 열쇠를 건넬 때

동전 소리가 났다

흩어지며 움직이는 불빛이 사라진다
어둡고 조용한,
집을 닫고 나서 집이 보인다

센서

토르소의 까만 눈동자
천장에 붙어서 빛나는 작은 몸체
두 팔이 없는 너에게

내가 나의 눈을 가릴게

눈을 가려도 눈이 뜨거워
빨강은 금성
사과를 갈라 낮의 반으로 맞출래

빨강에게

가장 어두운 검정이고 싶은데
나는 검정에 흰색의 포스트컬러를 섞어
흑백
잠을 청하지만

명도를 가르며 화성은 떨고 있어

공기의 증거가 없어
너와의 투명한 약속은 없었지

편안한 휴식 같은 내 수면 근처에
갈망
나는 너의 감각을 믿었지만 네 감각은 속였지

더 날카로워지는 눈빛

오늘밤 나는 지하를 뚫는다 땅굴이 없는 너의 잠 속으로
너의 꿈속으로 전철이 지나가고

다시 출발하려는
빛나는

포진

열차가 있다
연결이 끊긴다
한 칸에 장난감 가득 실려 있다
모서리에 서 있는 나

풀린 나사 하나

우물 속에 넣어두었을까
찾지 못한다

916호실
오래된 집 우물 곁에서 발가벗고 튀어나오는 어린아이
천장 벽 속에서 나는 물소리
샤워를 하는 아이

들리지만 안 보이는 신경물질로부터 오는 물집

아이를 업고 영화관에 앉아 영화를 본다

플러시를 든 간호원이 커튼을 밀었다

어둔 머리 밑 평면과 평면에서 만나는 불빛
모서리에 생기는 입체각

점선 위 연결이 생긴다,
열차 역

해바라기

비가 내려요
머리카락에 가려져 있는 여자의 얼굴
비에 잠긴 채 말라 있어요
여자의 은밀한 방

비워지는 방

비밀 밀회 열등만 빼고
숨어 있는 배치 그녀의 답답한 구조

감각이 이어지는 환지통

토막잠 같던 구조가 일그러져요
깨진 눈 잘게 쪼개고 꺾인 목뼈로 잇는 벽
빽빽해져 가는 회색 집의 시야

태양이 사라진 골목에 떨어지는 별 모래들의 시공간이 출렁거려요

비가 내려요

일그러지는 그녀의 얼굴 잊기로 해요

해바라기가 닫히는 시간

토마토 사이 나팔꽃

주먹만 한 토마토
여자의 주먹을 펴면
붉고 투명한 한 조각 귀가 열린다

눈이 열리고
투명한
치아에 내밀한 달콤함이 흐른다

붉은 피의 생각
한 조각 귀로는 토마토 안을 볼 수 없어서

손가락을 길게 늘여 토마토는 산책을 나갔고
헝클어진 머리카락을 빗어 넘기는 사이

숨은 나팔꽃

아파서 우는 여자

아플수록 자꾸 가늘게 뻗는 나팔꽃 손잡고 걷자 토마토 사이로

비 오고

나팔꽃 피고
느릿느릿 말라붙는 핑크빛

아프지만 순간 보고 싶다

수줍음 담겨 달콤해지는 토마토

대니

들라크루아의 입김으로 빈센트는 색채를 배우지

나처럼 해봐

나는 빨간 물병을 마실게
너는 파란 물병을 마실래
대지인 나와 나의 애인은 애니이니까 대니라는 이름으로 부르자

함께 가보자

애니의 말랑한 젤리 심장에 스트로우를 꽂아 초록빛의 용기를 먹을게

대니는 애니의 생각을 미루었지

부끄러움 들어 있는 비밀상자를 열까

와인과 커피가 마주앉은 그림 회색빛 여인의 얼굴은 일그러져

있어
　너와 나 서로 다른 구도를 쉽게 찾았지

　순식간에 내리는 회색 우울의 수풀 움직이지 않는 대지는 그녀의 머리카락을 찾아 헤매고

　검은머리와 명상 갇힌 데서 풀려나오는 빛 덩어리 요거트 소스로 자유롭게 장식하는 애니
　애니의 손가락에서 쉽게 얻은 대지는 금세 빠져나가지
　빛깔같이

　대니는 초록빛 화분 바람의 방향이 바뀌고 있어

일탈

소녀보다 큰 옷 봉지들이 질질 끌린다

낯설게

호텔 문으로 끌려나온다
오므라진 입술 어둠에서 반짝인다

주머니에서 꺼내는 사탕 두 알

아—
넌 할 수 있니

난 할 수 있어요

영동호텔 11층
구석기 시대 벽화처럼 복식들이 들어차 있다
고정된 불빛
객실 안 떠도는 희미한 비문들

조용히 무릎 꿇는 원피스가 차곡차곡 소녀의 들숨으로 채워진다
소녀로부터
포도알맹이처럼 날숨이 빠져나온다

죽은 채 매달려 있는 껍데기

아-
넌 할 수 있니

난 할 수 있어요

소녀가 알람 소리를 찾아 알람을 끈다
다시 저쪽에서 알람 노래가 들려 노래를 듣는다
자동으로 우는 노래를 끄고
남자의 팔을 베고 눕는다

봉지처럼

소녀가 잠이 든다

찻물

찻잔에 풀어놓는 물감
파스텔 블루

호수

차가 베푸는 색이 다 모인다
찻물에 머리를 담그면
녹색으로 늘어지는 세상

물드는 여름
봉숭아꽃
폭풍의 눈망울

철새는 찻물처럼 한 방향으로 떠나고
침묵하는 느린 침식
물가에 피는 오두막의 푸른 연기

차를 끓이며

좋은 차와 좋은 물이 처음 만나
녹차 여러 잔 향 얻어 마시며 녹이는 고통

울다
그치는 소리

묵은 냄새는 돌아오지 않았다

몸에서 사라지는 호수를 기억해

자작의 숲

잎들 사이로 걷는다 흰 셔츠를 입고

말이 없는 너에게
도시는 소리를 지르고 있어

침대 위에 앉은 너의 흰 다리가 잠시 보였어
눕고 싶니
일어나 앉은 등허리가 누우려 해
다시 일어나

참외의 껍질을 벗길게
하얀 두 씨앗들을 들여다보며 상상을 해

창문에서 시야를 보고 싶은데 왜 등 뒤에 있는 걸까

소낙비가 오나봐
소리 좋지
어디서 물이 넘치고 있나봐

하얀 눈이 내려
비가 어떻게 하얘지지
진주들이야
물방울들이 바람에 날고 있어
와 시원하지

잎들 사이로 걸을래 흰 셔츠를 입고

부러움

새빨간 빌딩과 창문
순식간에 떨어져 죽는 벌레같이
바늘구멍으로 걸어 나오는 아이

소금기 없는 실내화 자국
걸을 때 물결은 굴절됐다

같은 곳 오르다 숨는 물거품
눈 흘김,
못 보는 아이

비어 있는 의자들
수평으로 커튼을 내린다는 건 불투명한 약속

지하 지하 지하 새빨간 빌딩과 창문
거짓말같이 찬란한 평온을 찾는다

한 아이가 저녁이 오는 수채를 오래도록 바라보고 있다

제2부

풀빵

차가운 손바닥에 놓인 풀빵은 따뜻하다

먹을까 말까

아이는 발이 시려 발을 동동 구른다

아무리 기다려보아도 풀빵은 줄어들지 않는다
따뜻한 풀빵은 이미 없다

천 조각 뜯어낸 옆구리에서
풀빵은 찍혀 나오고

금화를 쌓는 도시
바람 부는 거리에서

눈물을 뜯어먹는 아이

하프

하얀 벽돌에 갇혀요
파라핀 속으로
손가락을 담가요 발가락도 뜨거워져요
흐르는 나비의 날개

파라핀 속으로

와이어로 잘라야 차가와져요
깨진 유리조각에서 녹빛이 필까 생각해요
깨진 조각과 섞이며 깨진 말들이 흘러요

날개로 흐르는 하프

빛나는 것에 다가가면 빛을 잃은 기억

의자에서 굴러 떨어지기도 해요

기도를 통과한 조각 저녁 빛 기도에 섞여 볼륨이 올라가요

나비의 눈밭 얼음이 녹아서 슬퍼 보이는
빛깔이 하얘요 하프들 물 위에 뜨는 초록 잎들 달콤한 휴식

가벼워지고 되돌아서기도 해요

하얀 벽돌에 갇혀요

기이하고 부드러운

자주 뒤집히는 칼날 위에 있어요, 나는
닉의 날
어디쯤에서 휘두를까

굽은 낙타의 등같이 어두워 닉의 날은 등을 잘라 조각달을 만들어요
흐르는 감자의 크림 빛은 팬에서 까맣게 타요

닉은 그녀를 기다리고 그녀는 오지 않아서
나 스스로 가만가만 새의 길에 엎드려 기다려요

그녀의 검은 망사치마에 흰 블라우스가 왜 어색한 느낌이 들었는지
치마에 달린 검은 장식이
뭘까 뭐였을까

푸른 밤이 자주 죽는 이유같이 슬픈 기다림
나는 창밖의 검은 지붕과 지붕을 건너 붉은 십자가 앞에서 양초

같이 녹아버려요

　그녀의 가장 아름다운 빛깔

　그녀와 연결된 나의 핏줄에서도 빛들이 흘러요
　내 심장이 아주 조금 흔들려요 빛같이 닉의 날을 고정시키는 순간

　파란 길에 밤마다 붉은 새들이 모여 만든다는 네모의 환상 흩어지고
　머리의 불빛을 가르면 생겨나는 둘레, 하얀 둘레 길을 돌아서 그녀가 와요

　칼의 날같이 기이하고 부드러운

새

죽어서 흐르는 붉은 강물
지상에서 벗어나는 꿈 말고

멀리 있어서 아름다운 그리움은 말고

정오에 밀밭에서 만날까

기대는 내 무릎 너의 털 풀 나무 흙의 부드러움
너의 몸은 안개
돛배 깃봉에만 앉아 있는 저 영토

가까이 있는 실체에 오랫동안 붙잡혀 부러움 범벅된 노랑
가장 힘든 상처들이 머물던 공간

생각을 닮은 침착
해의 밀도는 적어 달의 눈을 못 보아

화살로 쪼개는 치아의 틈

늦어지는 자유
너는 오랫동안 기다리라고 했어 그리움은 말고

나를 데려다주는 나룻배
너의 환영 떠오르지 않아

우울 죽어서 다시 태어나는 강물

산책

골목을 걸어가 보았다
한 걸음씩 지나다 보면 물이 채워지다 넘치고
계속 나도 흘렀다

익숙지 않은 어두운 곳 숨은 나무들이 보인다
휘어진 숲을 걸어 나올 때
비문의 거죽은 갈색

눈을 감은 건 오전의 잠
창문에 등이 밝아서
가끔은 새가 앉아
날개를 펼친 손에는 볼펜을 쥐고
야자 잎에 글씨를 쓰다

눕거나 걷다가 포도밭을 지난다

늘어지는 자색 회반죽으로 벽돌을 쌓는 벽돌공과
담을 색칠하는 미장공

공덕을 머금은 흰빛의 아난다 사원으로 돌아와
무릎을 꿇는다

안정된 생각이 이어져
돌아오는 끝
새로 난 아치형 창에 조각을 한다

불빛들이 집으로 돌아오고 있다
낯익은 불빛,
둥이라고 하는 불빛

불꽃

초코와 밀크의 활
보라에 가까운 유혹이었지
낮이 부푸는 보름 동안

북행하는 6개월

딸기 한 조각이 부드러워
초코의 달은 밀크의 허공으로 가서
지상으로 내려오지 못하지

연기같이
희미하고 덜 윤나는 국화

과거로 산책하는 광선같이

막대사탕 속으로 들어가는 번개
검정 우산 속
초록비와 나무

달에게로 들어가 보름 동안 작아진 다음
콩으로 자라며

동침했지
우주의 비행이었지

모자를 벗고 남행하는 6개월

남자의 언어로
배아가 생겨 태아를 낳는 세월

낮이 부푸는 동안

보라의 뜰에서
재생하는 밀크의 초코
초코의 불꽃

정원

미끼가 생각났지만
물고기의 가시를 발라줄게

이 집에서는 내가 필요해

먼지가 소복한 잔의 물을 마셨지만 괜찮아
너의 얼굴이 멀끔해 보여

물잔에 물을 넣을까 하다 비워두기로 했어
너는 정원을 보고 있구나

머리를 떠받치고 있던 여자의 손이 비껴나가고
물병에 금이 살짝 가 있었어

까마귀는 떠났고 황조롱이는 남았어
이 집에서 다툼은 의미가 없어

잔에 물을 따를게 알약과 마 한 잔도 줄게

너

물고기를 찾아 정원으로

단백질

단백질은 묻혀 있다 깊은 곳 바람을 거슬러 지워진 구조 작은 원자를 찾는다 바닥에 흐트러져 있던 구겨진 휴지들 구름 형태로 모아 버려지는 이별 전깃줄 비 흐르는 공포의 강은 깊어서 느릿느릿한 밀크색 글씨

편안한 숙면을 취해 너는 화사하게 웃는다

의자 없는 식탁 위 맨드라미 촛불 까만 보석들이 흐트러지고 올리브 장식 계란말이 물기 마르며 전화가 울지 않는다 우울 자폐 감정은 묻혀 있다 깊은 곳 무너지는 발자국 소리 물에 잠겨 있는 욕조의 휴지를 찢는다 맥주 거품 사그라지는 과정은 아름답지 않다 여러 겹 쌓인 장애물 시대가 변했다 하지만 지금도 지하에서 단백질을 캐지 잠겨 있는 관 고정된 레일을 통해 검은 눈알들이 빠져나간다

단백질 구조처럼

중력

3리터 물을 들이마셨어도 물 한 방울 새어나오지 않는다

볼록해지는 몸?

두드려본다

태양이 사라진 지구일까 힘이 없어진다 구름? 사방이 안 보인다 서로 끌어당긴다 출렁인다 발효? 내가 먹어댄 것들에 대해 생각한다 시간이 흐른다 물 한 방울씩 젖어드는 공간? 출렁인다 8분 후 태양궤도를 벗어나는 지구, 몸? 무중력 아무것도 없다 소우주가 정지된다 아래로 힘을 받고 있다 서로 끌어당긴다 흐르는 물, 빛이 휘어진다 직진이다 너무나 휘어진 시공간에서 떨어진다 블랙홀 백조자리, 구름? 질량들이 떨어진다 가속을 받는다 내가 먹었던 것들에 대해 생각한다

별명

너에게 사로잡혀 있어
오늘은 패딩턴이네
어제는 핑크 루시였지

백곰이네
불쌍한 하프야

코카스파니엘 같기도 해
귀가 늘어졌어
털이 구부렁해

이렇게 순할까

아무것도 몰라

야쿠자 아기 같아

오늘은 제니야

어떻게 하지

영국 남자 애였네

너에게 열중할 수밖에 없어

톳지가 돌아오는 길

내가 알고 있는 아이 중에
톳지라는 이름을 가진 아이가 있지
숫자를 외면하던 톳지가 귤껍질만 한 방에서 마를 깎으면
남처럼 서먹하게 일어나는 시간을 이미 삼켜버려서
찢기는 월급봉투들

쌓이는 글씨의 한계

시간이 버려지고
떠나가는 여인들이 재현되고
이어져요
저절로 다리까지 들어 올리며 떨던 한 여인의 표정을 떠올려요

아무 일도 없던 것처럼

한 여인의 낯빛 닮은 글씨들이 찢겨요

어두운

메말라버린 표정들을 잊어요

버리는 순간
빛나요
톳지가 느끼는 생각

햇살 위에 막 태어나는 백합의 아침

톳지가 집으로 돌아와요

막 바닥에 떨어진 글자처럼

덜 그리워하는 것들에 대해

처음 만나는 비비크림

격렬한 분출이 있었어

설렘

잔 속에 내려앉는 노랑나비
달의 저편 같아

핏줄 하얘진 것도 모르고 누운 백로 같아

물이 되어 덜 그리워지는

사건과 망각

빈 배의 철썩임이란
물에 떠다니는 이야기들

소낙비의 약속

불태워버린 사랑

4월에 마시는 차는 4월의 고민을 낳아

맵고 쓰며 떫고 달콤한

물이 되어 더 그리워지는 것들

장미가 있는 담장

장미의 담장을 따라가는 길
장미처럼 해안이 펼쳐져요
유빙의 조각이 모이는 해변
얼어버린 것 같아

겨울 강 그림자 드리우는 거울

질긴 장미의 줄기 폐염전 같아

흐르지 않은 지 오래된

담벼락 표면 가시와 질긴 줄기를 좇아
한길로 따라 나갔던 장미들
수백 송이 장미의 열망이
담장 안에서
말라가요

까만 바람에 나는 별빛들로 묻히고요

바람에 떨어지는 섬광
언 장미의 깨진 조각들

투명한 장미의 가시만 담장 밖으로
누출돼요

원형 점토의 인식

너의 살과 흙의 관계

적갈색 토기와 원형 점토
너를 알기 위해
옆에 서로 나란히 놓아 연결해요

강이 펼쳐지고 평행하는 축
타원형 구덩이에서 타원형 빗방울들을 찾아내요
새의 휘파람이 빗방울들을 먹고
꽃잎을 먹은 새가 소리를 내는 것을
발견해요

대화를 해요

바람과 빨간 짐볼에 앉은 나와
낮은 구릉에 위치한 집터는 같은 높이

집터 안에도 자신의 별이 있다지

달의 까만 암석을 발견해요
석축 담장 아래에서 생기 잃은 사람을 발견해요
말의 뼈는
용감했던 그 사람의 별

뼈의 조각이 묻히고 친근한 이끼가 닿아 물이
전달돼요
물이 흐르는 도랑에 풀들이 배치돼요

너의 시간을 찾아 간 탐라의 집터에서 유물과 너의 살을 비교해요

너는 자신을 알아볼 수 있는 사람이 오기를
기다려

레버와 물집

입술이라는 물집
잇몸과 치아에 침투했던 바이러스
오일 풀링 중

싱크 홀

너와의 이별은 나의 치유
열정과 냉정이 섞인
변화구

지치고 힘든 때 단단해지기 위해 너를 거절할래
쉬었다 일어나려고

밤마다 변기에 앉아 레버를 내린다
문제가 있다고 생각한 날 변기에 앉으면 쉽게 문제가 풀린다

물집과 기억 사이 상처를 풀려고 한다
입술에 나는

제3부

테크닉

이것은 움직인다
움직이면서 무심히 달려 있다 은행알 은행나무 마른가지 하얀 뼈를 깎는다

가끔 뿌리 깊은 갈등과 반목 목을 건조하게 하는 담배와 항히스타민제 발가벗은 상처와 영혼도 묻혔다 울음의 징검다리 물병 사막 고온의 땡볕이다 땀이 흐르고 빵이 흘러나오고 있다 빵을 나른다 절룩인다 두 팔을 젓고 두 발이 걷는다 하늘과 땅이 섞이는 빛깔을 들이켜 형광 불빛처럼 하얗게 보인다 환상 불빛 또 하나는 커피잔 매치된 불편함 난 알고 있다 달려 있는 불빛은 공중에서 낮에도 눈이 부시다 열매로 걸려 있지 않다 은행나무와 은행알 벌집을 건드려 벌을 받아 터지는 웃음 달콤한 비가 흐른다 나를 죽이는 리허설의 무대 즉흥연기 모노드라마

내레이션

듣는다
안 보고 듣기만 한다

안 보고
정말 듣는 것일까

너는 호흡으로 풀어내는 그녀의 소리를 들었다

느꼈을까
놀라지도 않는다

내레이션

그녀의 폐로 들어가는 공기
기도를 통과하는 날숨
성대에 맞닿는 순간
싸늘한 느낌
한적한 갈대

오후의 빛깔
볼륨처럼 올라가는 울음
작은 몸에서 나오는

움직임

안 보고 듣기만 한다
정말 듣는 것일까

내레이션

흑과 백

밤이 까만 건
밤이 생각을 먹었기 때문

너의 얼굴보다 어두운 내 방
천장은 무채색
빛이 없는 어둔 곳에서
선명하게 볼 수 있는
면,
호수

바깥과 안이 섞이는 판막,

작은 눈발같이 시작되는 말들
수십 광년을 돌아오는 하늘을 복제해
어둡다고 말할 수 없는
얼음덩이 파편이 기왓장처럼 계속 밀려와
조용히 기다리고 있는
사색

기둥에 귀
까만 귀퉁이
생각이 닿지 않는
깃발,

네 얼굴 거죽에 난 다크써클,

빙판 아래의 빙판
층층, 상처들이 머무는 공간
오고갈 수 없는 말이
생각으로 흘러내린다

섞일 수 없는
심장으로

부엉이와 집

멀뚱히 눈먼 집이 있어요
어두운 부엉이 두 눈이 어두운 것을 잊어요

뒤돌아보아도 아무도 없어 부엉이처럼 어두운 달
부엉이는 집에 갇혀 하얗게 잊어요

파란 하늘 하얀 빗금을 못 보아요

입고 있는 초록재킷만 보아요
황금빛으로 변해가는 눈
어두워져 가는 귀

가족의 해체를 위해
그가 눈의 태엽을 풀어요

비가 내려요
두 눈의 결핍에 대해 말하는 새끼 부엉이
뒷발로 미끄러지는 순발력

그가 미리 준비해놓은 검정 글씨와 찢어진 종이는 없어요

어두운 부엉이 두 눈 어두운 것에 대해 잊어요

멀뚱히 눈먼

그늘

어떤 주문을 건다
이 순간
나는 늘어진 박쥐 귀
소음을 듣지 못한다

이상한 생각이 돌아 나온다

내 손에 접혀 있다 주름이 펴지는
아코디언,

손과 손 사이 생각이 찢긴다
밀고 스치는
소리가 들린다
듣지 못한다

가슴 패인 저장 구덩이 4

조금씩 쌓았던 어둠 부르는 기억

가슴은 머리를 스쳐 만 년 전 가슴으로 시작하는
소리 흘러나와 노래되고
자연히 흐르지만
멈추지 않는
울 그늘 2

소리는 저장되지 않는다

움을 판다
아픔이 조금씩 목구멍에서 목구멍으로

늘어지는 너의 박쥐 귀
주문을 건다
주문을 건다

너의 그림자에 덮인

나의 고뇌

정체

태풍 일어나 물난리가 난 괌도에
피 흐른다

시간만 되면 물 브레이크는 파열된다
기계도 앵무새처럼 반복한다
앵무새는 결코 떠나지 못할 것이다
피 없는 새처럼

먹을 물이 모자라 몇 시간 문을 닫았다
일주일 잠잠하다

서로 외면할 수 없는 사이

시간만 되면 부르는 앵무새 노래
거리를 두고
다그치기

폭풍이 다시 올 거라고 일기예보 멘트가 흐른다

거리를 두고
피 없는 새처럼
축섬으로 몰려가고 있다

혼자 말하는 앵무새
홀로 남는다

새를 잊은 피처럼

그녀는 괌도를 떠나지 못할 것이다

섬

감자의 싹으로 돋아나는 솔라닌
가라앉은 바다
물고기들 눈감은 적막

달이 밝아서
나를 볼 수 없는 밤
종이를 펼치고 나를 바라보면서 찢는다
종이에서 살아나는 바늘 익숙한 송곳 지겨운 연필

들킬 염려 없어 쿨러를 채운 소주병 맥주 막 삼킨다
커브를 돌 때 쿨러가 쏟아지고
피가 솟는 밤

해변을 돈다
세 바퀴쯤 해변을 돌고 나면 끄트머리에서 만나는 아침이다
돌아간다
밥을 지어서 아이들은 밥을 먹고 학교에 간다

몇 년 숨 막히는 여름이 휘청거리고
너무 뜨거워 방금 눈 개똥
옆으로 태풍이 지난다

한마디 말로 황홀해
일몰이 꼴깍 바다에 빠지면 엄마 생각 개똥 생각
서서히 섬이 사라지며 바다와 가까워지고

눈감는 적막

채광

물들이 흐르다 멈춘 방
물의 의혹
세 개의 구멍에 튜브를 연결해
빛들이 흘러들어가요

그림자를 비추는 망원경
구멍으로 만질 수 있고 볼 수 있도록
조금 찢어요
피부를 찌르며 내통하는 핏줄

깃발은 송곳
새의 동공이
무리수의 언어로 근원을 찾아가는 거리

채색되지 않은 천장에 빛을 섞거나
빛들을 캐면
그늘이 허물어지며 퍼지는 옥빛들

붉은 루버를 붙잡으며

날개가 가벼워지는 순간

인생에서 가장 처절한 시간일지도 모르지만

비운다는 건 새로운 허수를 찾아
끊어지는 사색의 흐름

천창에 오각이거나 육각을 연결해
새로운 빛들이 흘러들어요

집으로

두 개의 방

영상이 지나간다

눈밭에서 헤어질 수 없어서
치맛자락에 매달리는 눈꽃 하나
아직 젖은 두 발은 눈밭에 박혀 있다

김배희라는 삼촌댁 목감면 윤촌이 시집과 가까워서 내가 너를 데려와 같이 보내고
다섯 살 난 용해 여동생을 사촌들이 자꾸 괴롭혀 사촌언니 집 뱀골로 가라 하고 온

어둔 밤, 아무도 없다

밥 안 먹고 살게 언니랑 함께 있을래 하던 목소리

대답도 못하고 돌아선 것이 후회로 남아
언니도 눈 속에 갇혀 있다

벽에 부딪히는 빛들 머리에 난 가르마 너의 하얀 숨
어둔 빛들은 꿈에서조차 만져지지 않는다

이불의 온기
네가 살았던 방일까
꿈에 본 두 개의 방
왜 꿈에 두 개의 방이 보일까

너는 뱀골을 떠났을까
윤촌으로 다시 돌아온 것일까

꿈에 본 방에서 온기를 만진 것만 같은데

너와 만나고 헤어진 눈밭이 빈방이었더라면 방 하나 내줄 수 있었디라면

어둔 방 아무도 없다

눈 속에 갇혀 있다

중독

해질녘 섬으로 가요
눈감으면 해변이 길게 느껴져
아무도 살지 않는 그 집은
바다가 내려다보이고 백 개의 계단이 있는 절벽
별들은 내려오기만 하고 규칙과 반복이 있는 물의 창문
물이 한 방울씩 채워지면 짙어지는 잉크병
한 남자에 빠져 헤어나지 못해 섬 한 바퀴 도는 날
홀로 빠져나가기를 기다려요

저절로 귀에 들려요
주위에서 크게 떠들어도 노여워하는 타타모나 귀신이 대나무에 섞여 살아요
꺾인 빗살무늬 문양으로 어른거려요
타타모나 성탄목을 자르면 예쁜 여자의 이마에 난 점처럼 얼굴도 일그러지고 멍도 생기고 한쪽 다리만 뚱뚱해져요
무릎 위에 장딴지를 댄 높은 암벽이 있는 동네 입구에서
조금 들어가면 눈이 즐거워 온 세상이 다 들어 있는 괌섬에서 태어난 차모로족 아줌마가 코코넛과 바나나를 따서 빵 한 조각과

같이 찢어요
　귀신이 코코넛 나무에 섞여 살아요

　들을 수 없는 목소리
　외딴집에서 한 번씩 만나기로 했던
　표정 없는 흰 봉투를 열지만
　준비한 것은 보이지 않아요
　오랫동안 묻어둔 것은 내 주머니 속에 있어요

담요

등 뒤에서 껴안으면 포근해 바로 누워요
담요로 눈을 가리고
기둥 없는 침대의 이불을 걷는 엄마에게
내 담요 내 담요라고 부르며

담요라는 이름이 붙었어요

매일 밤 사막을 걷다 보면 바다가 나와요
물결이 담요가 되고 담요가 포근한 모래가 되는 마술의 꿈에서

모래 묻은 거울을 보아요

담요로 된 거울에서 젖은 새벽이 나와요
물이 한 올 한 올 울어 눈을 뜨지만
엄마의 스치는 옷깃이나 눈짓이 안 보여
감촉으로만 느껴요

구름 모양

바다에 닿아 실언하는 구름의 실수 같은

실수라는 건 행운이에요

내 담요 같은

빗물의 대칭

너의 시선에 매달린다 약간의 거리를 두고

문턱에서 빠져나오지 못하는 새
창문에서 빠져나가지

창문에 내가 안 비치다
보여

비가 내리는 창문
수직으로 나는 수평
물결을 나는 새의 날갯짓
섬을 가로지르며 표면에 떠올라
나를 응시하는

물보라

시각에서 생기는 착각

둥글게 감기며 어두워지고
보라색 가까운 카나리아의 작은 섬들
지평선
까만 모래와 진흙의 유희
직사각형에 흘러내리는 선들
창문에 박혀 있는 빗방울
움직이지 않는다
오래전부터 고정돼 있는

화석

하늘에 닿은 가지들
포도알들이 흘러내리는 창문
카나리아 카나리아 울고

창문에 비치는 카나리아와
나

성채

수액은 나무의 상처다
너는 나무에 오르고

흐르면서 빛나는 수액

내 뼈를 깎아서 너의 갈비뼈에 밀어 넣는 동안 나는 자란다
수액은 우렁찬 소리를 지를 때 길게 뻗는 너의 손이다
팔다리를 접었다 펴는 페달이다
까마귀떼 울음이다

지독한 냄새가 났다

일용할 양식
거대한 개미 장엄한 행렬이다
흐르던 수액 잔등에 떨어져 나는 자란다 손 내밀었다

손 밀어내면 낼수록 갇히는 설렘 감정
구두는 없다 미끄럼 타던 열차, 항해사와 임산부 할머니 요리사

취객 운전기사 모두 뒤죽박죽
 그들의 몸과 다리로 흐르는

먹이는 죽음의 성찬

송진은 성찬에 없어서는 안 되는 성채였다

동강 처녀

찢긴다 너는 직선 나는 곡선으로 이동한다 비와 여자 눈감는 어둠 충돌, 만나지 못한다 나는 너를 너는 나를 만나지 못해 찾아 나선다 아직 오직 않은 곳으로 간다 보이지 않는다 건너가려 한다 만나지 못한다 그래서 운다 소리 긴 줄등을 탄다 나룻배 비와 여자 줄등을 타고 뛰어내린다 너는 직선 나는 곡선에 휩싸이며 이동한다 갇힌다 굴은 눈에 보이지 않는다 만져지지 않는다 쌓인다 물들과 같이 나는 흐른다 천천히 이동한다 벽의 통로 있는 길 간다 없는 길 간다 가지 않은 곳으로 간다 보이지 않는 벽 따라 간다 아직 오지 않은 곳으로 간다 건너간다 너와 나의 두려움 포개지며 초록 강물로 흐른다 산굽이 하얀 파도와 포개지며 같이 흐른다 쌍무지개 길게 흐른다 너는 곡선 나는 직선으로 이동한다

제4부

암기

백허그를 해봐
내 등과 너의 가슴이 포개져
다시 하나가 돼
터치만으로 부팅이 가능한 컴퓨터가 필요해
글씨가 오르고 있어
창을 껴안은 빗방울처럼
낡은 장화에 넣어두었던 기억을 꺼내올래
어젯밤 게임방에서 만났던 무기가 떠올라
창 검 폭탄 비수 모두 필요해
창에서 젤리를 다 먹을게
구르다 다시 돌아와
머리를 굴려봐
팔도 돌려봐
손가락으로 연필을 돌리다 멈출 때
백허그를 해
나의 심장에 너의 암기가 겹쳐져
다시 하나가 돼

이동

이동이란 무얼까 끈을 던지면
불안정한 배치

삼 일 동안 두 번이나 떨어져 죽었어요
커튼 사이로 반쯤 가려진

기다리던 비가 오고

안전한 영토로 흐르기 위해 문턱을 넘는 순간이 와요

가해자가 된 에리와 에이는 껍질만 모자 가득 버려두고
먹이를 가르기 위해 사금파리 하나 들고 바삐 떠나요

비라는 남자는 모자 안에서 깨진 별의 흔적을 발견해요
혼자 구름 모자이크를 만들고 있는 비
사금파리의 끄트머리는 점점 날카로워져
그으면 골목이 생기고
개미들이 이어지고

구름을 가르는 시간의 목줄기

비는 이동해요

비가 오다 말면 점선 점선이 흐르면 비 길게 이이지면 가지마다 별빛들이 흘러요

비의 얼룩이 남아서 별은 모양을 갖게 되고요

안전한 영토의 빛들

이동하고 배치되는 불안정한 영토

구조 : 말이 없는 남자

언어의 계보에 의해 남자는 재현된다
낱말과 낱말의 구조 사이에 서 있는 남자

구조를 벗어날 수 없게 결정된

일관성
무장이 해제된 짐승처럼 낯설지 않고
부드럽고

문명화된 남자

모음의 다양한 교체와 자음의 변이 사이
안간힘 다해
여백에 머물러 있는 남자

사건은 비밀

신중함이 더해지며 서투르게 해석되어

순수한 담론으로 환원될 수 없는 언어

말이 없는 남자는

접사 언어의 흔적같이

규칙적인 형태와 조합의 고리에서
발견된다
단음절처럼
별도로 존재하고
사유와 의식이 감추어진

남자는 언어의 계보에서 남자로 결정된다

입체

신발이 닿아서 타일이 엎드려 있어
벽이 닿아서 문이 열릴 것 같아
떨어져 내릴 것 같아
들었던 책 놓쳐서 허공에 팔을 뻗으며

서랍 없는 서랍을 연다

구겨진 바닥에서 기어오르며 펴지고
엎드렸던 척추들이 일어날수록

등에도 있을 것 같은 숨구멍
구멍에서 움직이는 비늘들
너의 정면에 얼룩점을 찍어

정수리에 달린 끈을 끌어당기는 소리를 듣거나
이마에 난 주름을 펴

나는 바람에 하얗게 번뜩이다

눕는다

젖는 창문의 독백

하얀 조각들 잇는 모든 입체들의 고독

목소리

가로놓여 있는 방음유리
너와 나 사이
안 보고 듣기만 하는
벽
소리를 먹는

벽과 바닥이 맞닿는 음절

꺾여요
무언의 문장
의미의 빛깔을 결합한
볼륨

깨뜨리는 결속

순간 외마디

어미는 짧아요

존재에 대한 관심

정말 듣는 거예요
놀라지 않는 PD

상향등을 켜세요
활기 있는 밀도 사유의 공간
온전한 음이 흘러요

풀어내는 원시의 울음

통과

투명해져요

시치미를 떼며 안 듣는 척 보는 연기

태양과 거미

스리랑카에 사는 A라는 남자의 얘기

끈적대며 이글거리는 맛으로 다가오는 그를 거미라고 불러볼게

강렬하고 뜨거운 스리랑카의 기후만큼 오랫동안 B를 기다린 굶주린 거미
손바닥에 숨겨둔 거미줄을 펴보는 A
10년을 두고 먹을 양식이라 생각하니 삶에 생기가 돌아
B가 나타나기를 고대하며 미친 듯 만든
A의 손바닥에 생긴 거미줄

공항에 마중 나와서 말한 A의 첫마디가 자꾸 떠올라

나를 믿고 따라와 달라는 A의 말
그의 첫마디가 B의 코를 콕 쏘았지
그가 사진 속 인물 C를 가리킬 때 얼핏 본 그의 손바닥
무지한처럼 얽혀 있어 무시무시해

A가 동원한 사설경찰의 체포영장과 제복은 가짜였어

C를 이용해 B를 낚아채려는 A의 올가미
B는 도망쳐야 했지

검색대를 사이에 두고
B는 거미줄에 걸린 죽은 매미의 눈을 떠올렸어

A가 힘을 가하려 할 때마다/결이 짙어져
인질극을 만들고

영사의 지시와 보호로 B는 거미줄을 빠져나오고 있었어
B는 안도했지

C도 가짜였을 것을 생각할 때

거미줄 같은 햇살의 틈으로 타이 비행기는
날아가고

세한도 1

향내가 나는 것 같아 눈을 떴지만 그는 가고 없다
밖은 하얘서
아무것도 안 보인다
눈이 내리고 있다 눈이 개어 하얗다

먹은 번지지 않고
우선의 잣나무와 추사의 소나무를 집 곁에 내내 두었다

우선에게 쓰다 만 편지와 남은 먹의 묵향이 문턱을 넘어 흐르고 있다

어젯밤 먹던 차가 다 떨어져서 다녀간 초의에게 차 한 통 빨리 보내라는 편지 봉한
하늘 하얗다
눈만 내려서 눈이 그쳐서 하늘과 벌판이 마주 보이는 창밖이 하얗다

눈만 내려서 눈이 그쳐서 하얀 벽

아무것도 안 보인다
눈을 맞아도 우선같이 파랗게 돋는 솔잎과
잣나무 가지로 그려놓은 추사의 집

선은 가늘지만 힘이 있다

세한도 2

달빛 머리맡에 글씨들이 쌓여 있다
먹빛이 쌓이는 하얀 달빛
하얗게 젖은 글씨들이 햇빛을 읽는다

빛들이 사라진다

알지 못하는 그에 대해
북경에서는 유리창 서사에 한 부 나온 적 있는 간본같이
그를 잘 안다

그의 서재에 빛들이 흘러나오면
글씨에 빛을 묻히는 와연에서 흐르는 난향은 잘 어울렸다
빛을 뿌리듯 흙을 고르는 그의 붓은 고무래가 되어
그의 마당에서는 단풍 싹들이 비단무늬같이 고르게 돋고
비단 빛들은 암벽과 경치 좋은 산에 가려
보이는 않는 동네
초가 한 채
앞이 트여 하얗다

눈을 감으면 연상되는 빛의 눈

달이 읽지 못하는 빛을 읽는다
밤새 젖은 눈들이 햇빛을 읽는다

세한도 3

눈이 쌓여 눈을 쓸고 차를 달인다
반짝거리는 것은 빛이었을까
겨울눈에 묻힌 소나무와 눈에 드러난 잣나무 잎을 그린다
초의가 차를 준 답례로 명선이라는 글을 써주었다
초의가 거처하는 곳의 이름을 일로향실이라고 목판에 쓰며
봉창에 갇혀 있는 여러 날

나무에 구름을 새기는 솔잎
이파리는 가끔 경전의 탁본 같기도 하고
누에처럼 실을 무릎에 대고 후 불면
잎에 글씨가 드러난다
나뭇잎 따라 떠나간 사람들의 물결을 떠올린다
눈 위 발자국은 없어지고
종이도 젖지 않는 눈이 내린다

 바람 없이도 나뭇잎이 흔들거릴 때마다 깨끗한 시구와 한가로운 구름을 잡는다
 두레박 줄은 길고 우물은 깊어

석간수를 퍼서 차를 달인다

아직도 눈만 내리는 집

게임 : 공간

가만히 있어도 시간이 닫히고 문이 열려요

볼 수 없는 물의 빛

자살한 너를 이해하려고 그곳에 가는지도 몰라
분절된 그 바닷가

어디선가 떠내려와 갈색머리 야자가 돼
물소리와 색채
성당에 누운 천장이나 내 이마에 옮겨져

공간

너의 형상에 내 생각을 펼쳐 보이고

무너져 내려요
아무것도 할 수 없어

너의 목소리만 들려오지만

작열하는 국화송이들이 감지되고 사라져요
중도에 나타났다 폭탄으로 터져 소멸되고
없는 시간
어둠 속으로 잠겨 들었을 거예요

캔디크러쉬 캔디크러쉬소다 캔디크러쉬젤리로 생성되고
분석되고 크러쉬에서 소다와 젤리로

이어져

가만히 있어도 문이 닫히고 시간이 열려요

불면

너에 대응해 투명함을 떠올려 교환하려 해

대치 중인 어둠
겸허히
눈감고 있어서 어두워요
침전의 연속

눈을 뜨고 있어서 눈을 감지 못해

가변하지 않는 너의 완고함에
단절이라고 말하고 싶지만
외부와 나 자꾸 포개져

대칭되고 있는 실내의 어둠

느닷없이 무릎뼈에 살갗이 닿아 눌러지고
무릎의 딱딱함에 파고드는 종아리
교차하며 부딪는 살갗

너는 등허리를 껴안아
곧게 펴지는 내 허리
너의 한 손바닥이 등에 닿고 한 손바닥은 가슴
맞닿은 등과 가슴에 맞불을 놓는 너와 나
쓸어내려요

서로 얼굴을 마주보는 시간

감고 있던 눈이 풀려요

변형되거나 감추어져 잊히는 시간

골목

너의 머리와 내 뇌에 이어진 구조가 같아
존재하는
너와 나의 감정

너는 계단이 필요하고
나는 부드러운 한 잔의 포도주가 필요해

휴식하고 있을 때 날마다 살이 찌지

한가로이 소비만 하고 있는 나의 특권
지출의 덕에 재화가 사라지지
사라진 곳에서 골목이 나타나

끄트머리 쪽으로 쭉 이어지고
보이지 않는 데서 나타나는
그림자
너와 나 병행하면서
한참을 내려가다 다시 오르막

가파른 데서 의식은 불을 켜고 낮은 잠을 자서 불안해하는 무의식

계단에서 기다리기도 하지

삶과 죽음이라는 익숙한 구조의 이론처럼

나의 생계비를 지불하는 너

굴절

책상에 엎드린 그녀
등 밑 숨은 그림자
등에서 가까운 빛이 가장 어두워

생각이 접혀 꺾이는 말
말의 요소를 뗀 너는 단절이라고 말했어

잊었던 포도알들을 떠올려봐
끓으며 휘고 팽창하던 물의 말과 빛들
부풀던 말 물의 보라
휘며 나타나던 빛의 물과 말들
물은 포도 빛처럼 아름다웠어

물의 빛들이 사라지며
접히는

고독

타버린 포도 빛 껍질 속으로

너의 말이 감춰지던 날

말 속으로 숨고 싶었어

물과 말

보랏빛으로 일어나야 해

말림

우주가 앞으로 걸어가고 있다는 생각
그런데 하나의 행성만 머리에서 맴돌고 있어
발밑까지 밤하늘인 걸 어떡해

너의 욕망을 빛에 전부 걸어놓을게
이건 가벼운 애착

공기에게 낯설지 않고 시원하다고 전해줄게
조금은 달콤하다고

냄새의 감각은 자유로워

기억의 끝으로 걸어가 보아
발밑으로 흐르는 종소리
하르르 날고 있지?

속울음처럼

해설

시의 색채를 찾아서

전해수 문학평론가

한지혜의 네 번째 시집 『모든 입체들의 고독』은 '대니'로 명명되는 광대한 '대지'와 그 '대지'를 구성하는 수많은 '색채'들이 조화와 부조화의 상반된 이미지로 탄생한다. 물론 "대니"는 '대지'가 아니라 온갖 '색채'들이 머무는 '화선지'가 될 수도 있고, 꿈꾸는 리듬의 '음악'이거나, 찻잎의 향으로 다가오는 (오감)의 '동경'이 될 수도 있으며, 궁극적으로는 '타자'가 아닌 '나' 바로 예술가로서의 자기 정체성을 회복하려는 '자아'의 표상이 될 수도 있을 터이다. 다만 그것은 시를 포함한 '예술'의 우울과 극단을 '색채'라는 미학적 구분을 통해 "기이하고 부드러운" 방식으로 드러내고자 한다. 예컨대 시인이 표상하는 빨강, 파랑, 하양, 검정 그리고 우울한 회색 빛깔은 조화와 부조화를 함께 불러들여 나 자신을 포함하여 진정한 예술(가)의 화해를 도모하려는 듯 이리저리 자유롭게 (방황하듯) 유합(類合)을 일삼는다.

  무릇 '색채'를 통해 예술에 대한 시인의 생각이 잘 반영되어 있는 이번 시집은 시의 의미가 다만 '문자'의 영역뿐만이 아니라 '빛'과 '색'을 통해서 좀 더 확장된 '예술'의 한 지점에 닿을 수 있음을 보여주려 한다. 이는 시인이 일상에서 종종 맞닥뜨리는 회화와 음악 그리고 차향과도 무관하지 않으며 이를 통해 소용돌이치는 마음의 한 편과 은밀하게 조우하고 대면하려는 시인만의 예술적 지향을 드러내는 것이기도 하다. 요컨대 한지혜 시인에게 시는 고유한 문학의 영역이라기보다는 예술성을 발견하는 '문(입구)'의 기능을 가진 것으로, 그 문을 통해 간구하는 일상과 타 예술의 만남을 통해 비로소 표현되는 세계에 다름 아닌 어떤 것이다.

  또 하나 주목할 점은 그간 한지혜 시인이 세 권의 시집을 상재하면서 표출했던 여성적인 섬세한 이미저리를 이번 시집은 넘어서고 있다는 것이다. 세 번째 시집 『두 번째 벙커』 이후 시인은 좀 더 확장된 색채의 미학을 선명하게 드러낸다. 특히 이번 시집은 화가 들라크루아와 빈센트 반 고흐의 호명(呼名)을 통해 색채에 대한 농밀한 관심과 형상화가 더욱 부각되어 있다. 우리가 알고 있는 들라크루아의 그림 속 '토르소'나 빈센트 반 고흐의 '해바라기'는 강렬한 붓 터치와 색채감으로 미학적 전율을 이끌어내는데, 회화가 전달하는 구도와 색은 한지혜 시인의 시상(詩想)을 돋우는 매개 역할을 한다. 이를테면 시 「센서」와 「해바라기」는 그 예술적 교감으로 읽히며, 시 「대니」는 예술이야말로 우울과 극단으로 치

닫게 하는 궁극의 시임을 우리에게 보다 강렬한 방식으로 전한다.

    토르소의 까만 눈동자
    천장에 붙어서 빛나는 작은 몸체
    두 팔이 없는 너에게

    내가 나의 눈을 가릴게

    눈을 가려도 눈이 뜨거워
    빨강은 금성
    사과를 갈라 낮의 반으로 맞출래

    빨강에게

    가장 어두운 검정이고 싶은데
    나는 검정에 흰색의 포스트컬러를 섞어
    흑백
    잠을 청하지만

    냉도를 자르머 화싱은 떨고 있이

    공기의 증거가 없어
    너와의 투명한 약속은 없었지

편안한 휴식 같은 내 수면 근처에
갈망
나는 너의 감각을 믿었지만 네 감각은 속였지

더 날카로워지는 눈빛

오늘밤 나는 지하를 뚫는다 땅굴이 없는 너의 잠 속으로
너의 꿈속으로 전철이 지나가고

다시 출발하려는
빛나는

―「센서」 전문

   색채가 가득한 화실에서 빨강과 검정 그리고 흰색의 포스트물 감을 가르는 날카로운 화가의 눈빛이 "토르소의 까만 눈동자"와 교차한다. "두 팔이 없는" "토르소"의 눈동자가 내뻗은 "갈망"은 "명도"로 제한된 "빛"의 "꿈"에 실린다. "센서"는 그 "빛"이 발산하는 "빛나는 출발"을 보여주는데 이 세계와는 다른 모습 즉 "화성"으로 착지하고 있다. "천장에 붙은" 작은 "몸체"(센서)가 우주적 상상력 이를테면 "화성"이 되거나 "금성"을 불러오는 시적 상상력에 가닿고 있다.

   "센서"의 환하고 흐려지는 '빛'에서 다양한 포스트컬러의 색채를 덧입히며 빛과 어둠 그리고 그 사이에 머무는 색채를 더듬어보

는 시인의 감각은 이처럼 매우 예민하게 반응한다. 깜박이는 "센서"가 바로 시인의 "날카로워지는 눈빛" 이를테면 화가(혹은 예술가)를 대변하기도 한다. 꿈이 "화성"이라면 열정은 "금성"으로 다시 태어난다. 화성과 금성의 대립은 빨강과 흰색의 차이와도 같이 명확한 것인데 시인은 지금 "가장 어두운 검정"으로 "잠"의 경계를 결정짓는다. "잠"은 검정에 도달하려는 빨강과 흰색의 극단을 오가며 "너의 잠 속으로" 드는 신호가 되지만 "너"는 "편안한 휴식 같은 내 수면" 근처로 기차처럼 요란하게 "지하를 뚫는"다. 너의 "감각"은 "센서"의 깜박이는 불빛에 의해 빛과 어둠 속에서 휘청거리는 모습으로 위장된다. 그러나 "센서"의 불빛은 "검정"에 닿지 못하여 언제나 "흰"색과 "빨강"을 연거푸 오가는 운명에 놓여 있다.

"천장에 붙은" 작은 "몸체"(센서)에게 이토록 다양한 '색채의 꿈'을 입히고 있는 한지혜 시인은 시인이라 한정짓기보다는 다양한 색감에 민감하게 반응하는 예술가의 감성을 지닌 자라 일컬을 수 있겠다. 충동하는 색의 미학이 시인에게는 시상(詩想)이 되어 흘러넘친다.

비가 내려요
머리카락에 가려져있는 여자의 얼굴
비에 잠긴 채 말라 있어요
여자의 은밀한 방

비워지는 방

비밀 밀회 열등만 빼고
숨어 있는 배치 그녀의 답답한 구조

감각이 이어지는 환지통

토막잠 같던 구조가 일그러져요
깨진 눈 잘게 쪼개고 꺾인 목뼈로 잇는 벽
빽빽해져 가는 회색 집의 시야

태양이 사라진 골목에 떨어지는 별 모래들의 시공간이 출렁
거려요
비가 내려요

일그러지는 그녀의 얼굴 잊기로 해요

해바라기가 닫히는 시간

―「해바라기」 전문

  그런데 시인에게 시적 "감각"은 "환지통"이다. "시공간이 출렁거"리는 곳, "태양이 사라진 골목"이거나 "여자의 은밀한 방" 안에서 시는 종종 나타난다. "해바라기가 닫히는 시간"은 어둠의 시간. "해바라기"는 어둠의 시간에 결국 얼굴이 "일그러"지며 닫힌다. 아니 "일그러진 그녀의 얼굴"이 되어 사라진다. 그러한가. "해바라

기가 닫히는 시간"을 바라보는 "그녀의 얼굴"이 함께 일그러지는 것인지도 모른다. 그렇다. "해바라기"와 "그녀"가 마침내 오버랩이 되어 겹친다.

빈센트 반 고흐의 강렬한 노란 '해바라기'는 한지혜의 시에 이르면 "머리카락에 가려 있는 여자의 얼굴"로 화한다. "비"에 의해 요동치는 여자의 "머리카락"은 닫히기 전의 "해바라기" 잎처럼 넘실거린다. 빈센트의 그것처럼 해바라기가 되어 강렬하게 "출렁거"린다. 빈센트의 해바라기와는 전혀 다르게 그러나 동일하게 외롭고 사납다. 위 시에서 시제(詩題) "해바라기"는 "비"에 의해 "은밀하"게 씻겨지고 "비워지"는 "태양이 사라진 골목"의 "토막잠 같은 구조"에서 "회색 집의 시야"로 "말라 가"거나 "일그러"진다.

들라크루아의 입김으로 빈센트는 색채를 배우지

나처럼 해봐

나는 빨간 물병을 마실게
너는 파란 물병을 마실래
대지인 나와 나의 애인은 애니이니까 대니라는 이름으로 부르자

함께 가보자

애니의 말랑한 젤리 심장에 스트로우를 꽂아 초록빛의 용기를 먹을게

대니는 애니의 생각을 미루었지

부끄러움 들어 있는 비밀상자를 열까

와인과 커피가 마주앉은 그림 회색빛 여인의 얼굴은 일그러져 있어
너와 나 서로 다른 구도를 쉽게 찾았지

순식간에 내리는 회색 우울의 수풀 움직이지 않는 대지는 그녀의 머리카락을 찾아 헤매고

검은머리와 명상 갇힌 데서 풀려나오는 빛 덩어리 요거트 스스로 자유롭게 장식하는 애니
애니의 손가락에서 쉽게 얻은 대지는 금세 빠져나가지
빛깔같이

대니는 초록빛 화분 바람의 방향이 바뀌고 있어
 ―「대니」 전문

외젠 들라크루아와 빈센트 반 고흐의 대비는 색감의 대비로 구

분된다. 빨강과 파랑은 그 극단적 대비로 구상된 이질적인 색감이다. "대지"는 대지의 애인인 "애니"와 구분된다. "애니"는 "말랑한 젤리 심장"을 가진 "여인"으로 제시된다. "대니"는 "빨강"에 대비되는 "파랑"처럼 "애니"에 대비되는 "대니"로 지칭된다. "대니"는 "초록빛 화분"의 이름으로 명명되어 있는데, "대지"로 그려지는 세계를 표상하는 것으로도 이해할 수 있다. "대니"가 품은 초록빛의 용기는 외젠 들라크루아의 열정과 장엄함을 닮아 "빨간 물병"에 채워진다.

〈민중을 이끄는 자유〉 등 19세기 마지막 역사화가로 기록되고 있는 외젠 들라크루아는 회화적인 언어로 보들레르를 비롯하여 많은 시인들에게 영감을 준 바 있다. 어둡지만 풍부한 색채와 문학적 메시지는 역(易)으로 단테나 햄릿의 문학적 에너지에 의해 회화로 생성되기도 했다. 한편 빈센트 반 고흐는 그의 삶 자체가 문학적 테마를 지니고 있다. "회색 우울의 수풀" 그리고 "일그러져 있는 너와 나"의 "서로 다른 구도"는 "들라크루아의 입김"과 "빈센트의 색채"의 연관성을 주지하게 한다.

특히 외젠 들라크루아의 그림 〈아틀리에의 구석〉 여러 편들은 "스트로우"가 꽂혀 있는 듯한 "화분" 용기가 겹쳐져 있는 모습과 "(비밀)상자"가 있는 것과, 심상에 누워 침대에 걸터앉아 있는 "여인"을 그리는 "화가"의 모습이 담긴 것이 있다. 이를테면 물병과 화구와 상자와 검은 머리와 손가락이 〈아틀리에의 구석〉에는 존재하는 것이다.

소소한 존재가 모인 곳이 '아틀리에' 이를테면 '대지'가 된다. 단지 〈아틀리에의 구석〉을 예로 들지 않더라도 "나와 너", "대니" 와 "애니" 그리고 "바람의 방향이 바뀌는" 대지의 '회색빛 우울'이 "나처럼 해봐" 혹은 "함께 가보자"는 회유와 관조의 시선과 함께 머물러 있다.

"와인과 커피"는 이질적인 그러나 서로가 마주하는 교감의 모습으로 등장한다. 시인에게 시는 "와인과 커피"처럼 언어에 덧입히는 서로 다른 '색채'이기에 이 모든 조화와 부조화의 유합(類合)은 언제나 가능한 것이다.

자주 뒤집히는 칼날 위에 있어요, 나는
닉의 날
어디쯤에서 휘두를까

굽은 낙타의 등같이 어두워 닉의 날은 등을 잘라 조각달을 만들어요
흐르는 감자의 크림 빛은 팬에서 까맣게 타요

닉은 그녀를 기다리고 그녀는 오지 않아서
나 스스로 가만가만 새의 길에 엎드려 기다려요

그녀의 검은 망사치마에 흰 블라우스가 왜 어색한 느낌이 들었는지

치마에 달린 검은 장식이
뭘까 뭐였을까

푸른 밤이 자주 죽는 이유같이 슬픈 기다림
나는 창밖의 검은 지붕과 지붕을 건너 붉은 십자가 앞에서
양초같이 녹아버려요

그녀의 가장 아름다운 빛깔

그녀와 연결된 나의 핏줄에서도 빛들이 흘러요
내 심장이 아주 조금 흔들려요 빛같이 닉의 날을 고정시키는
순간

파란 길에 밤마다 붉은 새들이 모여 만든다는 네모의 환상
흩어지고
머리의 불빛을 가르면 생겨나는 둘레, 하얀 둘레 길을 돌아
서 그녀가 와요

칼의 날같이 기이하고 부드러운

　　　　　　　　　　—「기이하고 부드러운」 전문

'대니'처럼 '닉'은 이국적인 이름이지만 언젠가 한 번쯤은 스크
린에서 본 적 있는 익숙한 "빛깔"로 "기이하고 부드러운" 것들의

대명사가 된다. "그녀(한지혜 시인으로 본다면)와 연결된" 것들은 이처럼 "대니" 혹은 "닉" 그러니까 "날아가는 닐스의 새들을 꿈꾸는" 모모의 방랑처럼 그렇게 "대니"로 "닉"으로 마침내는 '시'가 되어 머문다. "대니"든 "애니"든 "닉"이든 "닐스"든 다를 것이 있을까. 그들처럼 "기이하고 부드러운" '시'란 것이 다가온다는 사실이 중요하다.

> 너에 대해 생각한다
> 아껴두었던 빛깔
>
> ―「슬픔」 부분

결국 시는 '빛깔'이라 부를 수 있는 "너"이며, "슬픔"의 다른 이름으로 다가온다. 그렇다. 슬픔이건 너이건, 아니면 대지이건, 칼의 날이건, 시의 이름으로 기이하고 부드러운 것들이 빛깔이 되어 오는 것 아니겠는가. 오! 대니! 알 수 없는 대지의 빛깔인 대니! 서서히 선명해지는 새벽빛이, 시가, 『모든 입체들의 고독』이, 오고 있다.

이 도서의 국립중앙도서관 출판시도서목록(CIP)은 서지정보유통지원시스템 홈페이지(http://seoji.nl.go.kr)와 국가자료공동목록시스템(http://www.nl.go.kr/kolisnet)에서 이용하실 수 있습니다.(CIP제어번호: CIP2016022827)

문학의전당 시인선 235

모든 입체들의 고독

ⓒ 한지혜

초판 1쇄 인쇄　2016년 9월 26일
초판 1쇄 발행　2016년 10월 4일
　　지은이　한지혜
　　펴낸이　고영
　책임편집　류미야
　　디자인　헤이존
　　펴낸곳　문학의전당
　출판등록　제311-2012-000043호
　　　주소　서울시 은평구 연서로11길 7-5 401호
　　　전화　02-852-1977　팩스　02-852-1978
　전자우편　sbpoem@naver.com

　　　ISBN　979-11-5896-279-1　03810

* 이 책의 판권은 지은이와 문학의전당에 있습니다.
* 양측의 서면 동의 없는 무단 전재 및 복제를 금합니다.
* 잘못 만들어진 책은 바꿔드립니다.
* 이 시집은 2016 경기문화재단 창작기금을 지원받아 제작되었습니다.